DIALOGVE
DE
L'AMOVR
ET DE
L'AMITIE'.

A PARIS,

Chez PIERRE BIENFAIT, au
Palais, dans la Grand'Salle, du cofté
de la Cour des Aydes, à l'Image
Saint Pierre.

M. DC. LXV.

Auec Priuilege du Roy.

LETTRE

A

MONSIEVR

H· A· D'A·

Sur le Dialogue de l'Amour
& de l'Amitié.

PVIS que ce n'est pas
assez que ie vous aye leu
mon Dialogue, & que
vous desirez encore en auoir vne
coppie, ie ne veux pas vous la
refuser. l'auoüé, MONSIEVR,

que i'ay eu bien de la peine à m'y resoudre, & qu'estant persuadé comme ie le suis, que vous estes l'Homme du monde qui a le goust le plus fin & le plus delicat pour toutes choses, & principalement pour ces sortes d'Ouurages, i'ay bien apprehendé que la reflection plus exacte que vous pourrez faire sur celuy-cy en le lisant, ne vous fit diminuer beaucoup de l'approbation que vous luy auez donnée. La valeur de vostre estime, & l'apparence qu'il y a que i'en vais perdre vne bonne partie, rendent asseurément ma crainte tres-raisonnable. Neantmoins quelque chose qui en arriue, ie seray satisfait. On trouue toûiours son compte auec vous; &

ſi ie n'obtiens pas des loüanges, ie
receuray des auis que i'aime encore
dauantage, parce qu'ils me ſont
beaucoup plus vtiles, & parce qu'ils
me ſeront auſſi des marques plus aſ-
ſeurées de voſtre amitié. Mais,
MONSIEVR, auant que vous
liſiez cette petite Galanterie, il faut
que ie vous die deux ou trois Queſ-
tions que l'on me fit en vne conuerſation où ie me trouuay il y a quelques iours, & que vous ſçachiez
auſſi ce que i'y répondis. On me demanda d'abord pourquoy l'Amour
& l'Amitié s'appellent Frere &
Sœur. Ie ne penſois pas, à vous dire
le vray, que l'on deuſt s'arreſter à
cela, & qu'on s'auiſaſt iamais de
leur diſputer cette qualité; car ſi

tous les iours mille personnes que le sang ny l'alliance n'ont point vnis, se donnent l'vn à l'autre ces noms tendres & doux, parce qu'ils s'aiment, ou seulement parce qu'ils veulent se le persuader, doit-on trouuer étrange que l'Amour mesme, & l'Amitié en personne, en vsent de la sorte, & qu'ils s'appellent Frere & Sœur, quand mesmes ils ne le seroient pas? Mais ils le sont en effet, & l'on ne peut pas en disconuenir, pour peu qu'on examine leur Genealogie. Il est constant que l'Amour est Fils du Desir & de la Beauté; Platon qui le connoissoit particulierement, nous en asseure, il l'appelle mesme le Desir de la Beauté, & luy donne ce nom composé de celuy de ses Pere & Mere, pour nous marquer son Origine. Il est aussi tres-certain que l'Amitié est Fille du Desir & de la Bonté, parce que si le Desir s'attachant à la Beauté, a donné l'estre à l'Amour, on ne peut pas douter que le mesme Desir & la Bonté s'estant vnus ensemble, n'ayent donné naissance à l'Amitié. En effet nous voyons encore auiourd'huy, que si nous aimons vne Maistresse parce qu'elle est belle, nous aimons vn Amy parce qu'il est bon. Cela ne pouuant pas estre contesté, il paroist que l'Amour & l'Amitié sont Frere & Sœur du costé de leur Pere, bien qu'à la verité ils ayent des Meres diferentes. Ensuite de cette Question on en fit vne autre

qui me sembla fort iolie, & qui ve-
noit aussi d'vne Femme d'esprit
que vous connoissez: Elle demanda
qui estoit l'aisné des deux, de l'A-
mour ou de l'Amitié. Quoy qu'il
soit mal-aisé de dire precisément ce
qui en est, à cause du long-temps
qu'il y a qu'ils sont au monde, ie ne
doutay pas neantmoins d'asseurer
que l'Amour estoit l'aisné. Ie ne
me fonday point sur ce que les Poëtes
disent qu'il a démeslé le Chaos, &
qu'il est plus vieux que le Monde,
bien loin d'estre le Cadet de l'A-
mitié, parce que c'est du premier &
grand Amour, Pere de toutes choses,
que les Poëtes ont voulu parler, &
non pas de celuy-cy qui n'est que son
petit Fils. Ie ne m'arrestay point

non plus sur la diference que quelques-vns ont mise entre l'Amour & l'Amitié, que celle-cy est toûiour reciproque, & que l'autre ne l'est iamais, & qu'ainsi l'Amour precede l'Amitié, puis qu'en effet il faut que l'affection naisse premierement de l'vn des deux costez auant que d'estre mutuelle. Ie ne m'arrestay pas, dis-ie, à cette diference, parce que ie la trouue absolument fausse. L'on sçait que l'Amour & l'Amitié sont quelquefois reciproques, & que quelquefois ils ne le sont pas. Ie ne me reglay que sur la Genealogie que i'ay déia auancée, & sur l'histoire de leur naissance, que ie leur contay le plus naïuement qu'il me fut possible. Ie leur dis donc que la Beauté

& la Bonté estoient deux Sœurs si accomplies & si charmantes, qu'on ne pouuoit pas les voir ny les connoistre sans les aimer; quelques-vns les trouuerent si semblables, qu'ils les prirent souuent l'vne pour l'autre, & leur donnerent aussi le mesme nom. Mais ceux qui les obseruerent plus soigneusement, remarquerent vne tres-grande diference entr'elles. La Beauté auoit beaucoup d'éclat & d'apparence qui donnoit dans la veuë d'abord; & sans mentir on pouuoit dire que pour la conqueste d'vn cœur elle n'auoit besoin que d'estre regardée, aussi estoit-elle extrèmement imperieuse & fiere; & quoy qu'elle n'eust ny gardes ny soldats autour d'elle, il n'estoit point

de Roys sur la Terre qui se fissent
obeïr si promptement, & dont l'Empire fust plus absolu que la tyrannie
qu'elle exerçoit sur tout ce qui auoit
vn cœur & des yeux. Elle estoit
fort coquette, & aimoit passionnè-
ment à se produire dans le grand
monde, afin de s'attirer des loüanges dont elle témoignoit ne se soucier
pas beaucoup, mais neantmoins qui
luy plaisoient tellement, qu'elle obli-
geoit & forçoit mesme toutes sortes
de gens à luy en donner. La Bontè
tout au contraire estoit fort modeste
& fort retirèe; & quoy qu'elle fust
d'vne humeur assez sociable &
assez communicatiue auec les personnes qu'elle connoissoit, elle fuyoit
pourtant la foule autant qu'elle

pouuoit, & elle ne haïſſoit rien tant
que de ſe faire de feſte mal à propos.
Il eſt vray qu'elle n'auoit pas ce bril-
lant & cet abord ſurprenant de ſa
Sœur ; mais quand on s'eſtoit donné
le loiſir de la conſiderer auec atten-
tion, & de la pratiquer quelque
temps, on demeuroit perſuadé qu'elle
eſtoit infiniment aimable, & que ſes
charmes eſtoient bien plus ſolides &
plus veritables que ceux de la
Beauté. Le Deſir ieune & boüil-
lant qui voyageoit preſque toûiours
pour ſatisfaire ſon humeur prompte
& inquiete, & qui ne trouuoit
point de pire maiſon que la ſienne,
ſe promenant vn iour & cherchant
quelque auanture, rencontra la
Beauté aſſiſe à la porte de ſon logis,

où elle se tenoit presque toûiours oy-
siue, & seulement pour estre veuë,
pendant que la Bonté sa Sœur estoit
dans la maison qu'elle gardoit, &
où elle ne se tenoit pas sans rien faire.
Le Desir, dis-ie, ayant rencontré la
Beauté, se sentit tout émeu & tout
hors de soy en la voyant : Mais
comme il estoit assez hardy de son
naturel, il l'aborde, quoy qu'il ne la
connut pas ; Il la cajole, & luy
fait cent galanteries qu'elle receut
auec beaucoup de ioye. Le procedé
brusque & enioüé du Caualier luy
plût extrémement ; elle crût voir en
lui quelque chose de noble & de ge-
nereux, capable des plus hautes en-
treprises, & qui témoignoit sans
doute vne illustre naissance ; elle

s'imagina mesme que le Ciel l'auoit destinée pour lui, & qu'asseurément il les auoit faits l'un pour l'autre; de sorte qu'apres quelques recherches de la part du Desir, leur Mariage s'accomplit assez promptement. De ce Mariage nasquit l'Amour, qui donna bien de la satisfaction à ses Pere & Mere durant les premiers iours de son enfance; car au lieu que les autres enfans ne font que crier & pleurer en venant au monde, celui-cy ne faisoit que chanter & danser, il ne demandoit qu'à rire & à se réioüir, il discouroit de toute chose agreablement; il faisoit mesme de petits Vers & des Billets doux les plus spirituels qu'en eust iamais veus: Enfin son Pere & sa Mere

en eſtoient ſi contens, qu'ils rom-
poient la teſte à tout le monde des
iolies choſes qu'il auoit dites ou qu'il
auoit faites; mais lors qu'il fut vn
peu plus grand, il changea ſi fort,
qu'il n'eſtoit pas reconnoiſſable. Il
deuint reſveur & chagrin, il ne
vouloit ny boire ny manger, il ſoû-
piroit ſans ceſſe, il ne dormoit point,
il ne faiſoit que ſe plaindre, & ré-
ueilloit ſon Pere, ſans ſçauoir le plus
ſouuent ce qu'il lui falloit; car on ne
lui auoit pas pluſtoſt donné vne choſe
qu'il en eſtoit las, & qu'il en demandoit vne autre, qui ne le con-
tentoit pas plus que la première:
Enfin c'eſtoit bien le plus cruel Enfant qui fut iamais, & qui donna
le plus de peine à éleuer: Mais re-

uenons à noſtre hiſtoire. Le Deſir apres quelques jours de Mariage, ayant ietté les yeux ſur la Bonté ſa Belle Sœur, qu'il n'auoit pas encore bien conſiderée à cauſe de la grande paſſion qu'il auoit euë d'abord pour ſa Femme, mais qui commençoit vn peu à ſe refroidir: L'ayant, dis-ie, regardée de plus pres, il remarqua en elle mille agrémens & mille per-fections qui le toucherent ſenſible-ment. Sur tout il fut charmé de ſon humeur douce, complaiſante, & officieuſe, qui n'aimoit qu'à faire du bien, & dont il y auoit lieu d'at-tendre bien plus de ſecours dans les beſoins & dans les rencontres faſ-cheuſes de la vie, que de la Beauté ſa Sœur, qui ſembloit n'eſtre née

que pour la ioye, & qui en effet ne se
connoissoit point du tout à prendre
part aux afflictions: Il la reconnut
patiente & genereuse, iusqu'à obliger
ceux-mesmes qui l'auoient offensee;
tout au contraire de la Beauté, qui
bien loin de souffrir des mépris, se
fâchoit quand on ne la caiolloit pas
assez galamment. Enfin il iugea que
si dans la possession de la Bonté on
ne goustoit pas des plaisirs si sensibles
ni si touchans qu'en celle de la
Beauté, on en receuoit asseurément
de plus tranquilles & de plus du-
rables. Epris de tant de perfections
& de tant d'aimables qualitez, il
lui découure les sentimens qu'il auoit
pour elle; la Bonté qui estoit facile,
& qui ne pouuoit pas refuser ceux

qui la prioient de bonne grace, lui
accorda volontiers ce qu'il fouhai-
toit, & le receut pour fon Mari.
De leur alliance naquit l'Amitié,
qui fut les delices & la ioye de tous
le monde. Il eft vrai que durant
fon premier âge elle ne fut pas fi
gentille ni fi agreable que l'auoit efté
l'Amour : mais lors qu'elle com-
mença d'eftre un peu grande, elle
parut fi belle & fi charmante, qu'elle
fut defirée & recherchée de tous ceux
qui la virent. On tâchoit de la
mettre de toutes les parties que l'on
faifoit, & une Compagnie ne fem-
bloit pas complette & en eftat de fe
bien diuertir, fi elle manquoit à s'y
rencontrer; les Philofophes mefmes
ne doutoient pas de dire que fa pre-

sence diminuoit toutes les afflictions
& redoubloit tous les plaisirs, &
que la vie estoit ennuyeuse sans elle.
Il est vrai qu'elle donnoit suiet à
toutes sortes de personnes de se loüer
de sa conduite, & qu'elle estoit aussi
sage & aussi discrete que l'Amour
estoit fou & emporté ; aussi son Pere
qui le reconnut dans plusieurs rencontres se plaignoit souuent à elle des
déplaisirs que lui donnoit son Frere,
& lui en faisoit confidence pour en
receuoir du conseil & de la conso-
lation. Voila, MONSIEVR,
comme ie leur en fis l'Histoire, qui
fait voir non seulement que l'A-
mour & l'Amitié sont Frere &
Sœur, mais aussi que l'Amour est
l'aisné. Ce qui paroist encore assez

dans leur maniere d'agir ensemble: Car enfin il ne faut que considerer comment l'Amour gourmande sa Sœur, comment il la fait passer par où il veut, & de quelle sorte il lui fait sa part, pour remarquer qu'il la traitte en cadette, & qu'il use souuent de on droict d'ainesse. Tout cela fut assez bien receu de la Compagnie, & l'on n'y trouua rien à redire, sinon que le Desir eust epousé deux femmes en mesme temps, & encore les deux Sœurs; mais ie ne pense pas que l'on doiue chicaner là dessus, ny que l'on veüille lui faire son procez à la Tournelle ou à l'Officialité, comme à vn Bigame. Il y a trop long-temps que toute cette intrigue est decouuerte, sans que personne en ait iamais formé la moindre plainte, & de plus cela s'est passé dans le premier âge du Monde, où il n'estoit pas defendu d'épouser les deux Sœurs. On sçait d'ailleurs que le Desir n'est pas d'humeur à se contenter d'une femme, & qu'enfin outre la Beauté & la Bonté il a encore l'Vtilité, l'Honnesteté & la Belle Ioye, eu qualité de femmes legitimes, sans compter les Maistresses qu'il entretient en ville, comme la Richesse, la Vaine Gloire & la Volupté, dont il a mesme des enfans; qui sont l'Auarice, l'Ambition & la Dèbauche, ses Filles naturélles. On n'ignore pas non plus qu'il conserue d'autres petites inclinations qu'il aime èperduëment : car c'eſt ſa couſtume de ſe porter auec plus d'empreſſement & de chaleur aux choſes qui luy ſont defenduës, qu'à celles qui luy ſont permiſes. Vous pouuez maintenant, MONSIEVR, lire le Dialogue de l'Amour & de l'Amitié, & voir comment ils s'entretiennent. Ie ſçay bien que vous leur auez oüy dire cent fois les meſmes choſes d'une maniere bien plus galante, & que ſi vous vouliez nous en faire le recit, nous y remarquerions ſi bien leurs veritables caracteres, qu'il nous ſembleroit les entendre diſcourir eux-meſmes : Mais chacun rapporte les choſes à ſa façon & du mieux qu'il luy eſt poſſible. Ie leur ay oüy faire encore quantité d'autres Conuerſa-

tions affez iolies, que ie pourray vous
écrire quelque iour , si ie voy que
celle-cy ait eu le bonheur de vous
plaire, à vous, dis-ie, que ie puis
nommer l'arbitre des bonnes chofes,
& le grand Maiftre des Allegories.
En cette qualité vous pouuez faire
tout ce que vous voudrez de ce Dialogue, & traitter en toute rigueur
l'Amour & l'Amitié qui y font,
pourueu que vous me conferuiez celle
que vous m'auez promife.   Vous
penferez auffi ce qu'il vous plaira
de ce que ie leur fais dire, pourueu
que vous croyez que l'Amitié dit
vrai, quand elle vous affeure que
ie suis paffionnément,

MONSIEVR,

Voftre tres-humble & tres-
affectionné Seruiteur, P.

DIALOGVE
DE
L'AMOVR
ET DE
L'AMITIE'.

L'AMOVR.

L faut auoüer, ma Chere Sœur, que nous faisons bien parler de nous dans le monde.

L'AMITIE'.

Il est vray, mon Frere, qu'il n'est

A

point de Compagnie vn peu galante, où nous ne ſoyons le ſujet de
la conuerſation , & où l'on n'examine qui nous ſommes, noſtre naiſ-
ſance, noſtre pouuoir, & toutes nos
actions.

L'AMOVR.

Cela me déplaiſt aſſez, car en
verité il n'eſt pas poſſible de s'imaginer le mal qu'on dit de moy: les
Serieux me traittent de folaſtre &
d'emporté ; les Enjoüez, de chagrin & de melancolique ; les Vieil-
lards, de faineant & de débauché
qui corrompt la jeuneſſe ; les Ieu-
nes gens, de cruel & de tyran, qui
leur fait ſouffrir mille martyres,
qui les tient en priſon, qui les bruſle
tout vifs, & qui ne ſe repaiſt que
de leurs ſoûpirs & de leurs larmes.
Mais ce qui me fâche le plus, c'eſt
que ie ſuis tellement décrié parmy
les femmes, qu'on n'oſeroit preſ-

que leur parler de moy, ou si on leur en parle, il faut bien se donner de garde de me nommer, mon nom seul leur fait peur, & les fait rougir. Pour vous, ma Sœur, il n'en est pas de mesme, chacun s'empresse de vous loüer, on vous nomme la douceur de la vie, l'vnion des belles ames, le doux lien de la societé, & enfin ceux qui se meslent de pousser les beaux sentimens, disent tout d'vne voix, & le disent en cent façons, qu'il n'est rien de si beau, ny de si charmant, que la belle Amitié.

L'AMITIE'.

Sans mentir vous vous raillez bien agreablement : Ie me connois, mon Frere, & ie n'ay garde de prendre pour moy des douceurs qui s'adressent à vous. Quoy qu'il soit bien aisé de me tromper, & que ie sois fort simple & fort naïfue,

A ij

ie ne le fuis pas neantmoins affez, pour ne pas voir qu'on me joüe, & qu'on fe fert de mon nom pour parler de vous ; mais ie ne dois pas le trouuer bien étrange, puis que vous mefme vous l'empruntez tous les iours pour vous introduire dans mille cœurs, dont vous fçauez bien que l'on vous refuferoit l'entrée, fi vous difiez le voftre.

L'Amovr.

Ie confeffe, ma Sœur, que ie me fers fouuent de cét artifice qui me reüffit heureufement : d'autrefois ie m'appelle Refpect, & i'en imite fi bien la maniere d'agir, les ciui-litez & les reuerences, qu'on me prend aifément pour luy ; ie paffe mefme quelquefois pour vne fim-ple galanterie, tant ie fçay bien me déguifer quand ie veux : & à vous dire le vray, ie n'ay point de plus

grand plaifir que d'entrer dans vn
cœur *incognito*. D'ailleurs ie fuis fi
peu jaloux de mon nom , que ie
prends volontiers le premier qu'on
me donne : ie trouue bon que toutes les femmes m'appellent Eftime,
Complaifance, Bonté, & mefmes
fi elles veulent vne Difpofition à
ne pas haïr, il ne m'importe, puis
qu'enfin mon pouuoir n'en dimi-
nuë pas, & que fous ces differens
noms, ie fuis toûjours le mefme;
ce font de petites façons qu'elles
s'imaginent que leur gloire les
oblige de faire.

L'AMITIE'.

Peut-eftre, mon Frere, vous
donnent-elles tous les noms que
vous venez de dire faute de vous
connoiftre.

L'AMOVR.

Ie vous affeure, ma Sœur, qu'elles

fçauent fort bien ce qu'elles difent,
ie n'entre gueres dans vn cœur qu'il
ne s'en apperçoiue ; la Ioye qui me
précede, l'Emotion qui m'accom-
pagne, & le petit Chagrin qui me
fuit, font connoiftre affez qui ie
fuis. Mais quoy ? elles mourroient
pluftoft mille fois que de me nommer par mon nom, i'ay beau les
faire foûpirer pour leurs Amans,
les faire pleurer pour leur abfence
ou pour leur infidelité, les rendre
paffes & défaites, les faire mefme
tomber malades, elles ne veulent
point auoüer que ie fois maiftre de
leur cœur. Cette opiniaftreté eft
caufe que ie prens plaifir à les mal-
traitter dauantage, eftant d'ailleurs
bien affeuré qu'elles ne m'accufe-
ront pas des maux que ie leur fais
fouffrir : Ie fçay qu'elles s'en pren-
dront bien plutoft à la Migraine,
ou à la Ratte, qui en font tout à fait
innocentes, & que fi on les preffe

de declarer ce qui leur fait mal,
elles ne diront iamais que c'eſt
moy. Il n'en eſt pas ainſi des hommes, ils crient ſi-toſt que ie les
approche, & bien ſouuent deuant
que ie les touche ; & pour peu que
ie les maltraitte, ils s'en plaignent
à toute la terre, & meſme aux ar-
bres & aux rochers, ils me diſent
des injures étranges, & ils font de
moy des peintures ſi épouuanta-
bles, qu'elles ſeruient capables de
me faire haïr de tout le monde, ſi
tout le monde ne me connoiſſoit.

L'AMITIÉ.

Si quelques hommes ont fait de
vous des peintures capables de vous
faire haïr, il faut auoüer qu'vne in-
finité d'autres en ont fait de bien
propres à vous faire aimer : Ils vous
ont dépeint en cent façons les plus
agreables du monde, & vous ſça-

ſuez que tous les Amans ne taſchent
qu'à vous repreſenter le plus naïfue-
men t qu'ils peuuent, & auec tous
vos charmes, pour vous faire agréer
de leurs Maiſtreſſes. Mais puis que
nous en ſommes ſur les perſonnes
qui ſe mélent de vous dépeindre,
ne vous eſtes-vous point auiſé de
faire vous-meſme voſtre Portrait,
à preſent que chacun fait le ſien?
Il ſeroit admirable de voſtre main;
& ſans mentir, vous deuriez bien
vous en donner la peine, quand ce
ne ſeroit que pour deſabuſer mille
gens qui ne vous connoiſſent que
ſur de faux rapports, & qui ſe for-
ment de vous vne idée monſtrueuſe
& tout à fait extrauagante.

L'Amovr.

Vn Portrait comme vous l'en-
tendez, quand meſme il ſeroit de
ma main, ne ſeruiroit de gueres à

me faire connoiſtre. Il n'eſt pas
que vous n'ayez veu celuy qui fut
fait autrefois en Gréce par vn excellent Maiſtre, & qui depuis a
couru par toute la terre ſous le nom
de l'Amour Fugitif. Vous auez
pû voir encore vne Coppie du meſme Portrait, de la main du Taſſe.
Ce ſont deux Pieces admirables, &
telles que pluſieurs ont voulu que
i'en fuſſe l'Autheur. Cependant,
quoy que tous mes traits y ſoient
fort bien repreſentez, il eſt vray
neantmoins qu'il y manque comme
dans tous les autres Portraits qu'on
fait de moy, vn certain ie ne ſçay
quoy tendre, doux & touchant, qui
me diſtingue de quelques paſſions
qui me reſſemblent, & qui eſt en
effet mon veritable caractere : les
cœurs que ie touche moy-meſme le
reſſentent fort bien, mais ny les
couleurs ny les paroles ne pourront
iamais l'exprimer. Il faut pourtant

A v

'que ie vous en montre vn en petit
qui eſt aſſez joly, qui ſans doute ne
vous déplaira pas; il m'eſt tombé
par hazard entre les mains, & ie
l'aime pour ſa petiteſſe : le voicy
ſi ie ne me trompe.

*L'Amour eſt vn Enfant auſſi vieux que
    le monde,*
*Il eſt le plus petit & le plus grand des
    Dieux,*
*De ſes feux il remplit le Ciel, la Terre
    & l'Onde,*
Et toutesfois Iris le loge dans ſes yeux.

L'AMITIÉ.

Ce Portrait me plaiſt fort, & ie
trouue qu'on peut adjouſter comme vne choſe qui n'eſt pas moins
étonnante que les autres, l'adreſſe
dont il vous renferme dans quatre
Vers, vous qui rempliſſez tant de
Volumes. Cependant, mon Frere,

vous estes bienheureux de trouuer ainsi des Peintres qui fassent vostre Portrait : Pour moy ie ne connois personne qui voulut se donner la peine de trauailler au mien ; de sorte que pour auoir la satisfaction d'en voir vn, il a fallu que ie l'aye fait moy-mesme : vous verrez si i'ay bien reüssi, & si ie ne me suis point flattée, moy qui fais profession de ne flatter personne.

I'ay le visage long, & la mine naïfue,
*   Ie suis sans finesse & sans art,*
Mon teint est fort vny, sa couleur assez
*   Et ie ne mets iamais de fard. (viue,*

ॐ

Mon abord est ciuil, i'ay la bouche riante,
*   Et mes yeux ont mille douceurs ;*
Mais quoy que ie sois belle, agreable &
*   charmante,*
*   Ie regne sur bien peu de cœurs.*

On me proteſte aſſez, & preſque tous les
    hommes
Se vantent de ſuiure mes loix;
Mais que i'en connois peu dans le ſiecle où
    nous ſommes,
Dont le cœur réponde à la voix.

Ceux que ie fais aimer d'vne flàme fidelle,
    Me font l'objet de tous leurs ſoins;
Et quoy que ie vieilliſſe, ils me trouuent
    fort belle,
Et ne m'en eſtiment pas moins.

On m'accuſe ſouuent d'aimer trop à pa-
    roiſtre
Où l'on void la proſperité;
Cependant il eſt vray qu'on ne peut me
    connoiſtre,
Qu'au milieu de l'aduerſitè.

I'ay veu le temps que ie n'aurois pas eu le loifir de faire ce Portrait, lors que i'eftois de toutes les Societez, & que ie me trouuois dans toutes les grandes Affemblées; mais à prefent que ie me voy banny du commerce du monde, i'ay tafché de me diuertir quelques momens dans cette innocente occupation.

L'Amovr.

Ie trouue, ma Sœur, que vous y auez fort bien reüffv, fi ce n'eft à la verité que vous eftes vn peu trop modefte, & que vous ne dites pas la moitié des bonnes qualitez qui font en vous, puis qu'enfin vous ne parlez point de cette generofité def-intereffée qui vous eft fi naturelle, & qui vous porte auec tant de chaleur à feruir vos amis.

L'AMITIE'.

Vous voyez cependant l'eftat
qu'on fait de móy dans le monde,
il femble que ie ne fois plus bonne
à rien ; & parce que ie n'ay point
cette complaifance étudiée, & cét
art de flatter qu'il faut auoir pour
plaire, on trouue que ie dis les chofes auec vne naïfueté ridicule, &
qu'en vn mot ie ne fuis plus de ce
ce temps-cy. Vous fçauez, mon
Frere, que ie n'ay pas efté toûjours
fi méprifée, & vous m'auez veu
regner autrefois fur la terre auec vn
empire auffi grand & auffi abfolu
que le voftre. Il n'eftoit rien alors
que l'on ne fit pour moy, rien que
l'on ne crût m'eftre deub, & rien
que l'on ofaft me refufer ; l'on faifoit gloire de me donner toutes
chofes, & mefme de mourir pour
moy, fi l'on croyoit que ie le vou-

Iuſſe ; & ſans mentir, ie puis dire
que ie me voyois alors maiſtreſſe
de beaucoup plus de cœurs que ie
n'en poſſede à preſent, bien que les
hommes de ce temps-là n'euſſent
la pluſpart qu'vn meſme cœur à
deux, & qu'aujourd'huy il ne s'en
trouue preſque point qui ne l'ait
double. Ie ne ſçay pas pourquoy
l'on m'a quittée ainſi, moy qui fais
du bien à tout le monde, & dont
perſonne n'a iamais receu de dé-
plaiſir, & que cependant chacun
continuë à vous ſuiure aueuglé-
ment, vous qui traittez ſi mal ceux
qui viuent ſous voſtre empire, &
qui les outragez de telle ſorte,
qu'on n'entend en tous lieux que
des gens qui ſoûpirent & qui ſe
plaignent de voſtre tyrannie.

L'AMOVR.

Il eſt vray que la pluſpart de mes

ſubjets murmurent inceſſamment Ils crient meſme tout haut qu'ils n'en peuuent plus, & que ie les reduits à la derniere extemité, & bien ſouuent ils me menacent de ſecoüer le joug ; mais tout leur bruit ne m'émeut gueres, ie ſçay qu'ils font toûjours le mal plus grand qu'il n'eſt, & qu'il s'en faut beaucoup qu'ils ſoient auſſi malheureux, qu'ils veulent qu'on les croye.

L'AMITIE'.

Ie ſuis perſuadée qu'ils le font encore plus qu'ils ne le diſent, & ie ne connois rien dont les hommes reçoiuent plus de mal que de vous. La guerre, la famine & les maladies affligent en de certains temps quelque coin de la terre, & quelques perſonnes ſeulement, pendant que le reſte du monde ioüit de la paix, de l'abondance, & de la ſanté ; mais

il n'eſt point de temps, de lieux, ny
de perſonnes qui ſoient exempts
de voſtre perſecution. On aime
durant l'Hyuer comme durant
l'Eſté, aux Indes comme en France,
& les Roys ſoûpirent comme les
Bergers ; les enfans meſmes que
leur âge en auoit iuſqu'icy preſer-
uez y ſont ſujets comme les autres,
& par vn prodige étonnant vous
faites qu'ils aiment auant que de
connoiſtre, & qu'ils perdent la raiſon auant que de l'auoir. Vous n'i-
gnorez pas les maux que vous cau-
ſez, puis qu'on ne voit par tout que
des Amans qui ſe deſeſperent, des
Ialoux qui ſe ſeruent de poiſon, &
des Riuaux qui s'entretuënt.

L'AMOVR.

I'auouë que ie ſuis bien méchant
quand ie ſuis irrité, & il eſt vray
qu'en de certaines rencontres ie

deuiens ſi terrible, que bien des
gens ſe ſont imaginez que ie me
changeois en fureur; mais ſans
mentir, s'il m'arriue quelquefois de
faire beaucoup de mal, ie puis
dire qu'en récompenſe ie fais
beaucoup de bien. La Fortune
qui ſe vante par tout que c'eſt à elle
ſeule qu'il appartient de rendre
heureux ceux qu'il luy plaiſt, n'y
entend rien au prix de moy; quelques biens & quelques honneurs
qu'elle donne à vn homme, il n'eſt
iamais content de ſa condition, &
& on luy voit toûjours enuier celle
des autres, ce qui n'arriue point
aux vrays Amans. Pour peu que ie
leur ſois fauorable, ils ne croyent
pas qu'il y ait au monde de felicité
comparable à la leur; & lors meſme que ie les maltraite, ils ſe trouuent encore trop heureux de viure
ſous mon Empire; & ie voy tous
les iours de ſimples Bergers qui ne

changeroient pas leur condition
auec celle des Roys, s'il leur en
coustoit l'amour qu'ils ont pour
leurs Bergeres toutes cruelles & in-
grates qu'elles sont.

L' A M I T I E'.

Ces Bergers dont vous parlez
font bien voir que vous gastez l'esprit de ceux qui vous reçoiuent,
mais non pas que vous les rendiez
effectiuement heureux ; car enfin
quelle extrauagance d'estre malade
comme ils disent qu'ils font, & ne
vouloir pas guerir, estre en prison
& refuser la liberté ; en vn mot
estre miserable, & ne vouloir pas
cesser de l'estre?

L' A M O V R.

Leur extrauagance seroit encore
plus grande de vouloir guerir ou
sortir de prison, non seulement
parce que leur maladie est plus

agreable que la fanté, & qu'il eft
moins doux d'eftre libre que d'eftre
prifonnier de la forte ; mais auffi
parce qu'il leur feroit fort inutile
de le vouloir fi ie ne le voulois auffi.
Ie ne fuis pas vn Hofte qu'on chaffe
de chez foy quand on veut ; comme i'entre quelquefois chez les
gens contre leur volonté, i'y demeure auffi bien fouuent malgré
qu'ils en ayent, & ie me foucie auffi
peu de la refolution qu'on prend de
me faire fortir, que de celle qu'on
fait de m'empefcher d'entrer.

L'AMITIE'.

Voftre procedé, mon Frere, eft
bien different du mien ; ie quitte les
gens dés le moment que ie les in-
commode, l'on ne m'a qu'autant
que l'on me veut auoir, & l'on ne
void point d'Amis qui le foient
malgré eux. Quand ie fuis dans vn

cœur, & qu'il vous prend fantaifie
d'y venir pour prendre ma place,
vous fçauez auec quelle douceur ie
vouslaquite, ie me retire infenfible-
ment & fans bruit; le cœur mefme
où fe fait cét échange ne s'en apperçoit pas, & quelquefois il y a
long-temps que vous le brulez,
qu'il croit encore que c'eft moy qui
l'échauffe, & qui le fais aimer.
Vous n'auez garde d'en vfer de la
forte, lors qu'vn pauure cœur fe
refout à vous échanger auec moy,
parce que la raifon le commande,
& l'y contraint, bien qu'il ait vn
extréme regret de fe voir obligé à
vne fi cruelle feparation, bien qu'il
vous conjure en foûpirant de le
laiffer en paix, & que vous n'igno-
riez pas qu'il ne me veut auoir, que
parce que ie vous reffemble, & que
c'eft en quelque façon vous retenir,
que de m'auoir en voftre place:
neantmoins auec quelle cruauté ne

vous mocquez vous point de ſes
ſoûpirs, vous le pouſſez à bout, &
parce qu'il a eu ſeulement la penſée
de ſe mettre en liberté, vous redou-
blez ſes chaiſnes, & l'accablez de
nouueaux ſupplices. Que ſi vous le
laiſſez en repos quelque temps, en
ſorte qu'il commence à croire qu'il
s eſt heureuſement deliuré de vous,
quel plaiſir ne prenez vous point à
luy faire ſentir qu'il n'en eſt pas où
il penſe? vous le preſſez de toute
voſtre force & par vn ſoûpir redou-
blé qui luy échappe, ou par quelque pointe de jalouſie qui le pique,
il ne connoiſt que trop que vous
eſtes encore le maiſtre chez luy,
mais le maiſtre plus abſolu & plus
redoutable que iamais.

L'AMOVR.

I'en vſe ainſi, ma Sœur, pour
faire voir qu'on ne peut rien ſur

moy, & que pour entrer dans vn
cœur ou pour en fortir, ie ne dé-
pends de qui que ce foit au monde.
Quelques-vns fe font imaginez que
i'auois befoin du fecours de la Sympathie pour m'infinuër dans les
cœurs, & que ie m'efforcerois en
vain de m'en rendre le maiftre, fi
auparauant elle ne les difpofoit à
me receuoir. C'eft vne vieille er-
reur que l'experience détruit tous
les iours. Et en effet bien loin
d'eftre toûjours redeuable de mon
Empire à la Sympathie; c'eft moy
qui luy donne entrée, & qui l'éta-
blis en bien des cœurs, où fans moy
elle ne fe feroit iamais rencontrée.
Combien voit-on de perfonnes
dont l'humeur & l'inclination eftoient tout à fait oppofées, que ie
fais s'entr'aimer, & qui dés auffi-
toft que ie les ay touchez changent
de fentiment en faueur l'vn de l'autre, viennent à aimer & à haïr les

mefmes chofes, & enfin deuiennent
tout à fait femblables.

L'AMITIE'.

Pour moy i'auouë que ie fuis redeuable à la Sympathie de la faci-
lité que ie trouue à m'établir dans
les cœurs, & ie diray mefme qu'il
me feroit impoffible de les lier
étroitement, fi auparauant elle ne
prenoit la peine de les affortir. En
verité elle eft tout à fait obligeante,
& tout à fait incomprehenfible, il
ne femble pas qu'elle fe méle de
quoy que ce foit, on n'entend iamais de bruit, ny de difpute où elle
eft, & affeurément il n'eft rien de fi
doux ny de fi tranquille : cependant
par de fecrettes intelligences qu'elle
a dans les cœurs, & par de certains
refforts qu'on ne connoift point,
elle fait des chofes inconceuables,
& fans fe remüer en apparence, elle
remuë

remuë toute la Terre. Les Philofophes ont fouhaitté de tout temps
d'auoir fa connoiffance, mais il ne
leur a pas efté poffible d'y paruenir,
& elle a toûjours pris plaifir de viure cachée aux yeux de tout le
monde : quelques-vns ont pris
pour elle la Reffemblance des humeurs, mais ils ont bien reconnu
qu'ils s'eftoient trompez, & que fi
elle a de l'air de la Sympathie, elle
ne l'eft pas effectiuement. Il n'eft
perfonne qui les connoiffe mieux
que toutes deux, & qui fçache plus
précifement la difference qui eft
entr'elles : autant que i'aime à me
trouuer auec la Sympathie, autant
ay-ie de peine à m'accorder auec la
Reffemblance, & il n'eft pas poffible de s'imaginer combien i'en
vois qu'elle empefche de s'entr'aimer. Cela paroift étrange, &
neantmoins eft tres-veritable : il
eft conftant que les perfonnes de

mesme profession, & qui reüssis-
sent également, ne s'aiment point,
cette égalité est toûjours ac-
compagnée de l'Enuie, mon en-
nemie iurée, & auec laquelle ie
ne me rencontre iamais : ceux-
mesme qui ont le plus d'esprit
ne peuuent viure ensemble quand
ils croyent en auoir autant l'vn
que l'autre, & principalement
lors que l'ayant tourné de la mesme façon, ils sont persuadez qu'ils
excellent dans vne mesme chose.
On sçait aussi que les Enjoüez,
les Diseurs de bons mots, ceux
qui font profession de diuertir
agreablement vne Compagnie,
ne peuuent souffrir leurs semblables, & qu'ils ont bien du
dépit quand ils en rencontrent
d'autres qui parlent autant
qu'eux. Mais sur tout, la res-
semblance & la conformité d'humeur me nuit tout à fait par-

my les femmes ; deux Coquettes
se haïssent necessairement, deux
Prétieuses encore plus, quelque
mine qu'elles fassent de s'aimer ; &
mesme c'est assez pour estre asseuré
que deux femmes ne seront iamais
bonnes amies, si elles dansent, ou
si elles chantent bien toutes deux.
Ie trouue cent fois mieux mon
compte lors que leurs humeurs
ou leurs perfections ont moins de
rapport, lors que l'vne d'elles se
picque de beauté, & l'autre d'esprit,
l'vne d'estre fiere & serieuse, & l'autre d'estre enjoüée & de dire cent
petites choses qui diuertissent. La
raison de cette bonne intelligence
est bien aisée à deuiner, c'est que
ces sortes de personnes n'ont
rien à partager ensemble, les
douceurs qu'on dit à l'vne ne
sont point à l'vsage de l'autre,
& elles s'entendent cajoler sans
jalousie, ce qui n'arriue pas

lors qu'elles ont les mefmes auantages. A vous dire le vray, de quelque humeur que foient les femmes, ie ne me rencontre gueres auec elles, ou fi ie m'y rencontre quelquefois, ie n'y demeure pas longtemps, ma fincerité leur déplaift, & elles font tellement accouftumées à la flatterie, qu'elles rompent aifément auec leur meilleure amie dés la premiere verité qu'elle leur dit; neantmoins ce qui m'empefche d'auoir grand commerce auec elles, n'eft pas tant parce qu'elles fe difent leurs veritez, que parce qu'elles ne fe les difent pas; car enfin fi vne femme s'apperçoit que fon amie a quelque defaut dont elle pourroit fe corriger fi elle mefme le connoiffoit, ne penfez pas qu'elle l'en aduertiffe, elle aura vne maligne joye de voir que ce defaut luy donne auantage fur elle; & mefme fi vne coëffure, ou vn ajufte-

ment luy fied mal, elle aura la ma-
lice de luy dire qu'il luy fied admi-
rablement. Neantmoins cecy n'eft
pas generalement vray pour toutes
les femmes, i'en fçay qui obferuent
mes loix auec vne exactitude & vne
foúmiffion entiere, & ie puis dire
à la honte de tous les hommes, qu'il
n'eft point de cœurs mieux vnis que
ceux de ces charmantes perfonnes,
qui s'aiment veritablement, & autant qu'elles font aimables.

L'A M O V R.

Ie puis dire auffi à la honte de
tous les hommes, que ie connois
des femmes qui fçauent mieux que
tous tant qu'ils font, ce que c'eft
que d'aimer veritablement, & qui
pourroient leur faire des leçons de
conftance & de fidelité. Ie diray
mefme que c'eft vne injuftice que
l'on a faite de tout temps à ce beau

Sexe de l'accuser de legereté, &
que ie ne sçay point d'autre raison
de la mauuaise reputation qu'il a
d'estre inconstant, que parce que
les hommes font les Liures, &
qu'il leur plaist de le dire & de l'é-
crire ainsi.   Il est constant que
comme les femmes aiment presque toûjours les dernieres, elles
ne cessent aussi presque iamais d'aimer que lors qu'on ne les aime
plus, & que comme il faut vn long-
temps & de fortes raisons pour
les engager dans l'affection des
hommes, elles ne s'en retirent
aussi que pour des sujets qui le
meritent & qui les y obligent absolument.

L'AMITIE'.

Ce n'est pas là l'opinion commune; & sans mentir si la chose
est ainsi que vous le dites, ie

connois bien des gens dans l'er-
reur, & qu'il seroit mal-aisé de
desabuser. Quoy qu'il en soit, ie
ne voy pas que les femmes doi-
uent tirer beaucoup de gloire
de cette constance & de cette
fidelité dont vous les loüez,
puis qu'il en est si peu qui en sça-
chent bien vser, & que la plus-
part ne s'en seruent que pour aimer des personnes qu'elles fe-
roient mieux de n'aimer point
du tout. En verité, mon Frere,
c'est vne chose étrange, que vous
preniez plaisir à mettre la diui-
sion & le desordre dans les fa-
milles, vous qui deuriez n'auoir
d'autre employ, que d'y conser-
uer l'vnion & la paix, & que ne
pouuant durer long-temps où
vous auez obligation de vous
trouuer, vous n'ayez point de
plus grande joye que de vous
couler adroittement où il est

defendu de vous receuoir. Il semble mesme que l'Hymenée que
vous témoignez quelquefois si ar-
damment, vous chasse de tous les
lieux où il vous rencontre.   Car
enfin depuis que ie vais au Cours,
ie ne me souuiens point de vous
auoir veu en portiere entre le Mary
& la Femme, au lieu que l'on vous
void sans cesse entre la Femme & le
Galand, où vous faites cent gentil-
lesses & cent folies, pendant que le
Mary se promene vn peu loin de là
entre le Chagrin & la Ialousie qui
le tourmentent cruellement, & qui
de temps en temps ouurent & fer-
ment les rideaux de son Carrosse;
la Ialousie les ouure incessamment
pour luy faire voir ce qui se passe, &
le Chagrin les referme aussi-tost
pour l'empescher de rien voir qui
luy déplaise.

L'AMOVR.

Il me semble, ma Sœur, que toute
sage que vous estes, vous ne vous
acquitez pas mieux que moy de
vostre deuoir, & qu'on ne vous
rencontre gueres souuent où vous
deuriez estre toûjours, ie veux dire
entre les freres & les sœurs, & entre
les parens les plus proches, qui
faute de vous auoir au milieu d'eux
se déchirent les vns les autres, & se
haïssent mortellement.

L'AMITIE'.

I'en ay bien du regret, mais ie n'y
sçaurois que faire, ils sont la plus-
part tellement attachez à l'Interest
mon ennemy caché, & auec lequel
i'ay vne horrible anthipatie (car
vous sçauez qu'il veut auoir tout à
luy, & qu'au contraire ie fais pro-

B v

feſſion de n'auoir rien à moy.) Ils
ſont, dis-je, tellement attachez
à ce lâche intereſt, qu'ils m'aban-
donnent volontiers plutoſt que
luy. D'ailleurs comme ils tirent
chacun de leur coſté, ils rompent
tous mes liens, & m'échapent ſans
ceſſe.

L'AMOVR.

Ie vous pardonnerois de quitter
des parens intereſſez & déraiſon-
nables, ſi c'eſtoit pour vous trouuer auec des étrangers ſages &
vertueux ; mais il eſt certain que
le plus ſouuent ce n'eſt que la dé-
bauche & le vice qui vous atti-
rent, & qui vous font demeurer
où vous eſtes, & que deux hommes ne ſeront bons amis, que parce
que ce ſont deux bons Yurognes,
deux francs Voleurs, ou deux vrays
Impies.

L'AMITIÉ.

Ie ne me fuis iamais trouuée auec ces gens là; i'auouë qu'il y a entr'eux vne certaine affection brutale & emportée qui me reffemble en quelque chofe, & qui affecte fort de m'imiter. Il eft encore veritable qu'elle fait en apparence les mefmes actions que moy, ie dis ces actions éclatantes qui étonnent toute la terre; mais ce n'eft point par le principe de cette veritable generofité qui m'anime, & l'on peut dire qu'elle les fait de la mefme maniere que la Magie fait les miracles. Les Sages qui connoiffent les chofes n'ignorent pas la difference qui eft entre elle & moy, & ils ont toûjours bien fceu que ie ne me rencontre iamai qu'auec la vertu & au milieu de vertueux.

B vj

L'Amovr.

S'il eſt ainſi, ma Sœur, on ne vous rencontre pas aiſément, & voſtre demeure eſt bien difficile à trouuer.

L'Amitie'.

Elle l'eſt aſſeurément plus que la voſtre, puis que ie ne me plais qu'auec les Sages qui ſont fort rares; & que vous au contraire ne vous plaiſez qu'auec les fous, dont le nombre eſt preſque infiny, & dont vous aimez tant la compagnie, que ſi les perſonnes qui vous reçoiuent ne le ſont pas encore tout à fait, vous ne tardez gueres à les acheuer.

L'Amovr.

Ie ſçay bien, ma Sœur, qu'il y a

long-temps qu'on me reproche de
ne pouuoir viure auec la Raiſon, &
qu'on m'accuſe de la chaſſer de
tous les cœurs dont ie me rends le
maiſtre ; mais ie puis dire que fort
ſouuent nous nous accordons bien
enſemble, & que ſi quelquefois ie
me vois obligé à luy faire quelque
violence, il y a de ſa faute, bien plus
que de la mienne.

L'AMITIÉ.

N'eſt-ce point que la Raiſon a
tort, & que vous eſtes bien plus rai-
ſonnable que la Raiſon meſme?

L'AMITIÉ.

Ie ne voudrois pas vous l'aſſeurer
à vous dire le vray; mais ie ſçay bien
que ſi elle vouloit ne ſe point meſler
de mes affaires, comme ie ne me
meſle point des ſiennes, nous vi-

urions fort bien enfemble. Ie
n'empefche point qu'elle ne con-
duife les hommes dans les affaires
importantes de leur vie; ie veux
bien qu'elle les rende grands Po-
litiques, bons Capitaines, & fages
Magiftrats; mais ie ne puis fouffrir
qu'elle s'ingere de controller mes
diuertiffemens, & mes plaifirs, ny
moins encore de regler la dépen-
fe, les Bals, les Cadeaux, & toutes les galanteries des Amans: n'a-
t'elle pas affez d'autres chofes plus
ferieufes pour s'occuper; & pourquoy faut-il qu'elle s'amufe à mille
bagatelles dont elle n'a que faire?
Que voulez-vous que ie vous die,
c'eft vne fuperbe & vne vaine, qui
veut regner par tout, qui critique
tout, & qui ne trouue rien de bienfait, que ce qu'elle fait elle-mefme:
ie la répouffe à la verité d'vne terrible force, quand ie ne fuis pas en humeur d'en fouffrir, & fort fouuent

nous nous donnons des combats ef-
froyables. Mais pour vous montrer
que i'en vſe mieux qu'elle en toutes
choſes; quand elle eſt la plus forte,
& qu'elle a auantage ſur moy,
elle ne me donne point de quar-
tier, elle me chaſſe honteuſement,
& publie en tous lieux la victoire
qu'elle a remportée. Pour moy
quand ie demeure le vainqueur,
ce qui arriue aſſez ſouuent, ie me
contente de me rendre le maî-
ſtre de la place; & pourueu
que le cœur m'obeïſſe, ie luy laiſſe
diſpoſer à ſa fantaiſie de tous les
dehors: ie ne me vante point de
l'auoir battuë, & comme elle eſt
glorieuſe, elle ne s'en vante pas
auſſi; elle fait bonne mine & pa-
roiſt toûjours la maiſtreſſe.

L'AMITIE'.

On remarque en effet que tous

les Amans quelques fous qu'ils
foient, veulent paroiftre fages, &
qu'on n'en void point qui ne pre-
tende eftre fort raifonnable; mais de
toutes leurs extrauagances, ie n'en
trouue point de plus ridicule que
celle qui leur eft commune à tous,
ie veux dire la forte perfuafion
qu'ils ont que la perfonne qu'ils aiment eft la plus belle & la plus ac-
complie de toutes celles qui font
au monde; ie me fuis cent fois
étonnée de cette extrauagance.

L'AMOVR.

Eft-il bien poffible, ma Sœur,
que vous n'en fçachiez pas la caufe,
& que vous n'ayez pas encore re-
marqué que les Amans ne iugent
ainfi fauorablement de la beauté
qu'ils aiment, que parce qu'ils ne la
voyent iamais qu'à la lueur de mon
flambeau, qui a la vertu d'embellir

tout ce qu'il éclaire? C'eſt vn ſe-
cret qui eſt fort naturel; mais cependant que peu de gens ont
deuiné. Les vns ſe ſont imaginez
que i'aueuglois tous les Amans, les
autres que ie leur mettois vn bandeau ſur les yeux pour les empeſ-
cher de voir les defauts de la perſonne aimée; mais les vns & les
autres ont tres-mal rencontré; car
enfin il n'eſt point de gens au monde qui voyent ſi clair que les Amans.
On ſçait qu'ils remarquent cent
petites choſes dont les autres perſonnes ne s'apperçoiuent pas,
& qu'en vn moment ils décou-
urent daus les yeux l'vn de l'autre
tout ce qui ſe paſſe dans le fonds de
leur cœur. Sans mentir ie ne com-
prends pas ce qui a pû donner lieu
à de ſi étranges imaginations, ſi ce
n'eſt peut-eſtre qu'on ait pris pour
vn bandeau de certains petits criſtaux que ie leur mets au deuant des

yeux, lors que ie leurs fais regar
der les perſonnes qu'ils aiment
Ces criſtaux ont la vertu de corri
ger les defauts des objets, & de le
reduire dans leur juſte proportion
Si vne femme a les yeux trop petit
ou le front trop étroit, ie met
au deuant des yeux de ſon Aman
vn criſtal qui groſſit les objets, er
ſorte qu'il luy void des yeux aſſez
grands, & vn front raiſonnable-
ment large. Si au contraire elle a
la bouche vn peu trop grande,
& le menton trop long, ie luy en
mets vn autre qui apetiſſe & qui
luy repreſente vne petite bouche
& vn petit menton : Ces criſtaux
ſont aſſez ordinaires, mais i'en ay
de bien plus curieux, & ce ſont
des criſtaux qui apetiſſent des
bouches & agrandiſſent des yeux
en meſme temps : i'en ay auſſi pour
les couleurs qui font voir blanc
ce qui eſt paſle, clair ce qui eſt

brun, & blond ce qui eſt roux;
ainſi de tout le reſte : mais à qui
eſt ce que ie parle? n'en auez-vous
pas auſſi bien que moy de toutes
les façons?

L'AMOVR.

Il eſt vray que i'en ay, mais il
s'en faut bien qu'ils faſſent vn effet
auſſi prodigieux que les voſtres,
ils ne font qu'adoucir les defauts
des objets & les rendre plus ſup-
portables, mais ils n'empeſchent
pas qu'on ne les voye. Cependant,
mon Frere, il me ſemble que nous
parlons icy bien plaiſamment de
nos petites affaires, & qu'on ſe
mocqueroit bien de nous, ſi l'on
nous entendoit dire naïfuement
comme nous faiſons , toutes les
nouuelles de l'école.

L'Amovr.

Ie connois à la verité bien des
perfonnes qui trouueroient noftre
entretien fort fimple & fort ridicule; mais i'en fçay d'autres dont
le jugement feroit plus fauorable,
& qui le trouueroient affez diuer-
tiffant.

L'Amitié.

Ie fçay du moins qu'il m'a fort
piuertie, & que i'ay bien du regret de ne pouuoir caufer dauantage auec vous; mais ie ne veux pas
donner fujet de fe plaindre de moy
à quelques perfonnes qui m'aiment
plus que leur vie, & qui ne me le
pardonneroient iamais, fi i'eftois
plus long-temps fans leur donner
des marques de mon fouuenir.

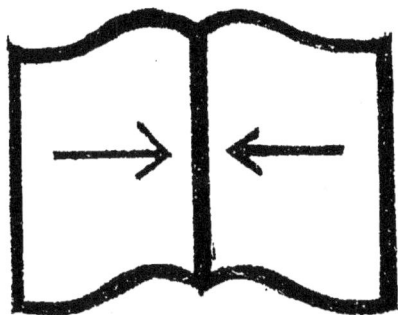

RELIURE SERREE
Absence de marges
intérieures

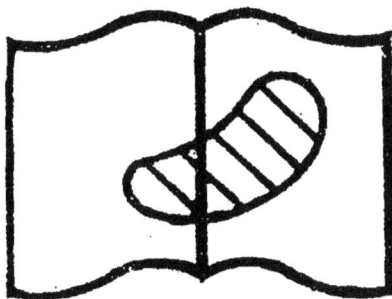

Illisibilité partielle

L'AMOVR.

Adieu donc, ma Sœur, aussi bien ay-je encore plus d'affaires que vous, & qui pressent toutes étran-ement. I'ay des Amans à punir, en ay d'autres à récompenser, & auec tout cela il faut que ie me rende aupres d'Iris, qui va partir pour aller au Bal, où ie dois luy conquerir le cœur de tout ce qu'il y aura d'honnestes gens dans l'Assemblée, & leur faire auoüer qu'-elle est la plus belle & la plus aimable personne du monde.

FIN.

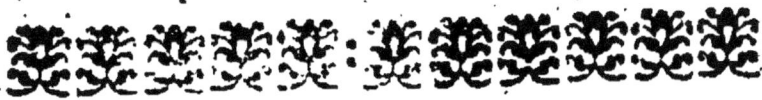

Extrait du Priuilege du Roy.

PAr Grace & Priuilege du Roy, Donné au mois de Mars, l'an de grace 1660. Signé, Par le Roy en son Conseil, SYMON. Il est permis à Pierre Bienfait Marchand Libraire à Paris, d'imprimer, faire impri.., vendre & debiter vn Liure intitule, *Dialogue de l'Amour & de l'Amitié*, & defenses sont faites à toutes personnes, de quelque qualité & condition qu'ils soient de l'imprimer, faire imprime, vendre & debiter, pendant le temps & espace de cinq ans, à peine de trois mille Liures d'amende, & de tous despens, dommages & interests, ainsi qu'il est plus au long porté par lesdites Lettres de Priuilege.

Regiftré sur le Liure de la Communauté, suiuant l'Arrest de la Cour du 8. Auril 1653.
Signé, G. IOSSE. Syndic.

Et ledit Bienfait a fait part du Priuilege cy-dessus à Charles de Sercy, & Estienne Loyson, aussi Marchands Libraires, pour en iouïr suiuant l'accord fait entr'eux.

Les Exemplaires ont esté fournis.

www.ingramcontent.com/pod-product-compliance
Lightning Source LLC
La Vergne TN
LVHW022116080426
835511LV00007B/860